Motivación

Libera tu motivación interior, logra lo que siempre has querido y disfruta el proceso

Por Maya Faro

© Copyright 2022 - Todos los derechos reservados

ISBN: 978-1-80095-084-9

Aviso Legal:

Este libro está protegido por derechos de autor. Es solo para uso personal. No se puede modificar, distribuir, vender, usar, citar o parafrasear ninguna parte o el contenido de este libro sin el consentimiento del autor o editor.

Aviso de Exención de Responsabilidad:

Tenga en cuenta que la información contenida en este documento es solo para fines educativos y de entretenimiento. Todo el esfuerzo se ha ejecutado para presentar información precisa, actualizada, confiable y completa. No se declaran ni implican garantías de ningún tipo. Los lectores reconocen que el autor no participa en la prestación de asesoramiento legal, financiero, médico o profesional.

Al leer este libro, el lector acepta que en ningún caso el autor es responsable de las pérdidas, directas o indirectas, que se incurran como resultado del uso de la información contenida en este documento, incluidos, entre otros, errores, omisiones o inexactitudes.

Introducción 7

Capítulo 1: Hábitos negativos y patrones mentales que destruyen tu motivación 9

Diálogo interno negativo 10

Los juicios de valor y cómo pueden matar tu motivación 15

Capítulo 2: Afluencia de amor propio: Ámate a ti mismo para alcanzar y mantener la motivación 22

Motivación intrínseca versus motivación extrínseca 26

Entrenamiento básico motivacional de amor propio 29

Cómo perdonarte a ti mismo (Deja de mortificarte por tus fracasos) 31

Tómate tiempo para ti mismo 35

Cuándo decir "No" (Simplemente di "No") 39

Acepta la paciencia y confía en el proceso 40

Capítulo 3: Las mejores herramientas para el cuerpo y la mente para mantener la motivación 42

La hora del poder (Inspirada en Tony Robbins) ... 45

El poder de un diario: Cómo mantener la motivación con un diario (Inspirado en Julia Cameron) 47

Usa las afirmaciones para mantenerte motivado (cómo lavar tu propio cerebro) 50

¿Meditación para mantener la motivación? 52
Tu hora del poder: Cómo aprovecharla al máximo y mantenerte motivado a lo largo del día 55
Capítulo 4: Tu visión de la vida (Tablero de visión).. 57
Capítulo 5: Cómo transformar lo negativo en positivo (Cómo lidiar con las adversidades) 68
   Cómo lidiar con personas que cuestionan tu superación personal 69
   Cuidado con la gente tóxica... 71
   Cómo lidiar con el autosabotaje 73
   Tu conciencia es tu responsabilidad 76
   Tu héroe: Cómo encontrar la inspiración 78
Conclusión: Sé la mejor versión de ti mismo 80
   Piensa en el EQUIPO TÚ 81
   Favorece la inspiración (es decir, lava tu propio cerebro) 83
   Sé específico y establece fechas límite 84
   No toleres las tonterías de nadie 84
   Sueña en grande. A todo o nada. 85
   No te dejes llevar por lo "realista" 86
   Mantente en forma 86
   Mantén estándares altos para ti mismo 88
Palabras finales 89

Introducción

En mi cumpleaños número 25, todo marchaba muy bien. Era un buen partido; vivía en Nueva York en ese momento, y todo el mundo, incluso mi apuesto (*realmente* apuesto) novio me decían que todas las mujeres deberían sentir envidia de lo perfecta que era mi vida. Era joven, bonita y delgada, con una prometedora carrera teatral; quiero decir, era digna de admiración, ¿verdad?

Eh... Bueno, no exactamente.

Verás, cuando me miraba al espejo, lo único que pensaba era: *¿Y dónde está esa "persona digna de admiración"? ¿Dónde está la prometedora jovencita que todos celebran?*. Yo no la veía. De hecho, lo único que veía era a una joven perdida, aterrada, avergonzada, que tenía miedo a lo que los demás pensaran de ella y que debería tener la vida *mucho más* organizada de lo que la tiene. Basta decir que el barco de la autoestima tenía que dar un giro de 180 grados y cambiar de dirección, pero de inmediato.

Aunque era joven, no disfrutaba de mi juventud. Entonces rompí con mi novio (no éramos compatibles de todos modos), regresé a mi ciudad natal, me obsesioné con los libros, seminarios y grabaciones de autoayuda y espiritualidad y aprendí a mejorar mi vida y a mí misma.

¡Por eso estoy aquí! Lista para dar el siguiente paso y ayudarte a mejorar *tu* vida, tu carrera profesional, tus metas de salud, y cualquier otra iniciativa increíble en el futuro cercano (y lejano). Pero lo más importante, quiero que logres tus objetivos, no los de alguien más, para que puedas alcanzar la felicidad y la plenitud en tu vida. Como seres humanos, tenemos todas las capacidades para vivir una vida proactiva, deliberada, divertida y autorrealizada. Para mostrarle a nuestros fracasos quién es el que manda, meter nuestros miedos en una bolsa y echarlos a la calle. Para convertirnos en autores de nuestras propias historias y volver a escribir lo que no nos gusta o queremos cambiar. Para amar nuestra forma de ser heroica y poderosa.

Capítulo 1: Hábitos negativos y patrones mentales que destruyen tu motivación

Aprender (o reaprender) cómo amarte a ti mismo....

Puede sonar algo cursi, pero el primer paso para tener éxito en casi todos los aspectos de tu vida es mejorar la relación contigo mismo. Aprender (o reaprender) cómo amarte a ti mismo.

Para lograrlo, primero hay que "deshacerse de lo viejo," como dice el dicho. En otras palabras, debemos descubrir nuestros patrones de diálogo interno dominantes y poco útiles (y después deshacernos de ellos).

Estos son algunos hábitos, muchos de los cuales son universales, que merecen desaparecer de tu vida:

Diálogo interno negativo

Encuéntralo.

Si te pareces en algo a mí, puede que tengas frases como *soy tan idiota, soy fea, estoy gorda, soy un mal padre/esposo, soy una mala madre/esposa/cocinera/artesana de velas* rondando en tu cabeza. El primer paso aquí es prestar atención a cómo te hablas a ti mismo.

Fíjate: *¿Qué cosas me digo a mí mismo?* Es simple, presta atención.

Nota: No hagas juicios de valor ni analices este diálogo interno... todavía. Por alguna razón, nos encanta castigarnos por detalles menores o insignificantes como llegar cinco minutos tarde a una reunión o esa "estupidez" que le dijimos a nuestro jefe. Escribimos una editorial sobre los hechos y los pequeños detalles se convierten en dramas dignos de un Oscar. Sea lo que sea, no hagas eso todavía.

A lo largo de los próximos días, haz una pequeña lista con dos o tres cosas negativas que te dices a ti mismo a diario. Léela con frecuencia, y de nuevo, *sin juzgar*. Simplemente di: "a menudo me digo a mí mismo _____" y déjalo así.

Dale la vuelta.

La mejor manera de combatir la negatividad en tu mente, de sacártela de encima y hacer lugar para la inspiración y la energía positiva de estrella de rock, es revertir el diálogo interno negativo mencionado anteriormente con afirmaciones positivas.

Ya sé que suena algo cursi, pero *vaya* que funciona.

Ahora, lo que quiero que hagas aquí es que tomes tu lista polifacética de diálogo interno negativo (¿la recuerdas?) y que al lado de cada expresión negativa, escribas la expresión positiva que le corresponde (sería una declaración expresada en voz afirmativa).

Hagamos un ejemplo. Digamos que te dices sutilezas poco sutiles todo el tiempo, tales como "Nadie me contratará nunca porque no soy tan inteligente (exitoso, determinado, etc.) como Juan". Primero que nada, no creo que esta sea una declaración verdadera. Segundo, *se convertirá en verdadera* si sigues metiendo ese tipo de pensamientos en tu cabeza, así que cortémoslos de raíz lo más pronto posible.

Ahora, démosla vuelta: "Nadie me contratará nunca porque no soy tan inteligente como Juan" se convierte en "soy inteligente y brillante, y hay millones de personas a las que les gustaría contratarme muy pronto" (o algo de esa índole).

Tal vez estés pensando, *¿y si eso no es cierto? No soy inteligente ni brillante, ni están a punto de contratarme...*

El asunto con las afirmaciones es que debes escribirlas SIN IMPORTAR LO QUE PIENSES. Es un trago amargo, pero quizás tu percepción es errónea de todas maneras. Confía en que hay un mundo ahí afuera en el que eres inteligente, brillante y en el que millones de personas querrían contratarte muy pronto.

Otro ejemplo: "No puedo ir al gimnasio porque soy torpe y tengo sobrepeso". Entonces, reescribamos esta historia y la transformemos en algo más inspirador y más acertado, de eso estoy segura.

"No puedo ir al gimnasio porque soy torpe y tengo sobrepeso" podría convertirse en "soy una persona coordinada y ágil y no veo la hora de ir hoy al gimnasio".

De nuevo, incluso si dudas de estas afirmaciones (o de este proceso) con cada fibra de tu ser, sigue escribiéndolas. Hazlo de todos modos. ¡Lava tu propio cerebro! Si tu historia hasta ahora está compuesta en su mayoría de conversaciones negativas en tu cabeza, entonces, bueno... estás viviendo y respirando una historia muy negativa. Reescribe esta historia, querida estrella de rock: tú *puedes* y lo tienes absolutamente *merecido*.

Cuando se trata de ser el héroe de tu propia vida o el autor de tu propia historia, las afirmaciones son una mina de oro sin explotar; vale la pena dedicarles nuestro tiempo. Son un antídoto comprobado contra el diálogo interno negativo.

Pon algo de esfuerzo en ellas, incluso si te cuesta o no quieres hacerlo, y escribe estas afirmaciones positivas increíbles con la mayor frecuencia posible, en un cuaderno, en una servilleta, en un mensaje de texto para ti mismo, LO QUE SEA. Solo hazlas, y hazlas *seguido*.

Los juicios de valor y cómo pueden matar tu motivación

Juzgamos prácticamente cualquier cosa. Ya sea una comida, un concierto o el servicio en un restaurante, si lo disfrutamos, usamos términos basados en nuestros juicios de valor para describirlo y evaluarlo. Decimos que algo es "bueno", y si no lo es, es "malo", u otra versión de cualquiera de esas palabras. "La ensalada estaba *increíble*", decimos, o "esa ensalada era *horrible*".

En ocasiones, y déjame hacer énfasis en *en ocasiones*, estos sentimientos son dignos de ser compartidos. Dicho esto, los juicios de valor pueden ser demasiado subjetivos, y por lo tanto, no son verdades universales. Quiero decir, ¿y si *yo* probara la misma ensalada que a ti no te gustó y me ENCANTARA? ¿Era realmente una "ensalada horrible" como habías dicho? ¿O era simplemente una ensalada con más verduras de las que prefieres y más parecido a algo que a *mí* me gustaría?

Reorganiza las palabras que usas y oblígate a ti mismo a hacer a un lado los juicios de valor cuando hablas de todo y de todos. Es algo difícil de hacer, pero inténtalo de todas maneras. Esta es la razón:

Las consecuencias son pequeñas si estamos lidiando con una ensalada. Quiero decir, no vamos a herir los sentimientos de la ensalada ni nada de eso, al menos eso espero. Con una ensalada, simplemente estamos evaluando la calidad de un objeto inanimado y sin sentimientos.

Pero luego la línea no es tan delgada. En otras palabras, puede haber problemas cuando las ideas detrás de lo que es "bueno" o "malo" se extienden a nosotros mismos, a nuestro trabajo, nuestra salud y nuestras relaciones en formas no muy halagadoras e igualmente perjudiciales. Es por esto que es fundamental eliminar los juicios de valor, es decir, las palabras como "bueno" o "malo", de tu vocabulario.

Por ejemplo, digamos que has decidido perder peso yendo al gimnasio cinco veces a la semana. Vas el primer día del régimen. Vas el segundo, el tercero, y así sucesivamente. Después te dices a ti mismo, "lo he hecho muy bien esta semana; fui al gimnasio cinco veces". Afirmaciones como esas empiezan a desdibujar la delgada línea entre el increíble trabajo que has hecho yendo al gimnasio cinco días en una semana y la idea de que tú, tú mismo, has demostrado buen carácter, moral y comportamiento y en consecuencia eres una persona digna de amor y abundancia.

Deshazte de ello.

Entonces, ahora que sabemos que "lo bueno" y "lo malo" es lo feo (jajaja), ¿cómo nos deshacemos de esos molestos juicios de valor sobre nosotros mismos?

El primer paso es simplemente prestar atención cuando tú (y otras personas) usan estas palabras para describir algo, o en muchos casos, *todo*. Presta atención a cuando alguien dice "soy muy malo en esto" o "eres muy buen cocinero". Lo repito; sí, puede ser que al final seas un "buen cocinero", pero de nuevo, comienza a ver si no puedes cambiar estas palabras en tu propia mente. Una vez que comiences a notar dónde aparecen (¡y con qué frecuencia aparecen!) las palabras "bueno" o "malo", puedes modificarlas.

Retomemos la situación del gimnasio ya mencionada. Fuiste cinco veces en una semana (¡Yupi!). Con respecto a tus esfuerzos, dijiste "lo he hecho *muy bien* esta semana". Entonces, ¿cómo podemos cambiarlo para sacar lo más que podamos del *juicio de valor* sobre nuestro tiempo en el gimnasio y aún así expresar un resultado positivo?

Aquí, y sé paciente conmigo, tenemos que ser creativos y algo analíticos: ¿Qué quieres decir con "lo he hecho muy bien esta semana"? ¿Qué implica hacerlo "muy bien"? En lugar de la palabra "bien", ¿podrías pensar en otros adjetivos que describan tu fantástico hábito del gimnasio? Intenta con "he sido *productivo* con mis metas de esta semana" o "esta semana fue *increíble* porque fui cinco veces al gimnasio".

Seguimos haciendo énfasis en las cosas positivas (es decir, "buenas") de las hazañas de esta semana en el gimnasio, pero lo hacemos de manera tal que separa la genialidad de nuestras acciones del valor que nos ponemos a nosotros mismos como seres humanos. Esta es una distinción súper importante.

Una imagen positiva de uno mismo es la puerta de entrada a más amor propio que llega a tu vida. Entonces, presta atención a cuándo puedes incorporar términos neutros para describir tus esfuerzos. Puede parecer extraño al principio y pareciera que no ayuda en nada. Pero con el tiempo, aprenderás que menos juicios de valor a corto plazo equivale a una confianza en uno mismo increíble a largo plazo.

Intenta uno más: Digamos que tu jefe te llama a su oficina y te dice que el informe que le entregaste recientemente contiene muchos errores y que, hasta que no sean corregidos, el informe es prácticamente inservible. Imagina las lágrimas (porque has trabajado muy duro en tu informe) y el enojo (con tu jefe y también contigo mismo).

"Debería haberlo revisado con más detenimiento", dices. "Debería haber hecho que otra persona lo revisara". Y, finalmente, (redoble de tambor)... "*Hice un mal trabajo*".

¿Pero realmente lo hiciste?

Démosle vuelta. Cambia "Hice un mal trabajo" por "Mi informe tenía muchos errores, los cuales soy completamente capaz de corregir". ¡*Voilà*! Básicamente, sí, tenía errores, pero deja de echarte la culpa por un segundo. Créeme, te ayudará. De manera increíble, liberarte de lo "bueno" y lo "malo" te abre a muchos otros puntos de vista posibles desde los cuales puedes observar una situación. Te obliga a ser creativo y, lo más importante, te recuerda que vales más que los juicios de valor superficiales. Los juicios de valor superficiales son, bueno, superficiales. Y no queremos que carcoman nuestros niveles de confianza justo cuando apuntamos a lograr cientos de mejoras increíbles.

Eres suficiente, y tus esfuerzos son fabulosos. También eres un ser de luz, así que sigue adelante y actúa como uno. Modificar tus palabras te ayudará a escribir o reescribir este aspecto de tu historia cambiada y actualizada recientemente. Decidir deshacerse de los juicios de valor le otorga longevidad a tus opiniones, flexibilidad a tu percepción y te da creatividad para ampliar la perspectiva a través de la cual ves el mundo.

Capítulo 2: Afluencia de amor propio: Ámate a ti mismo para alcanzar y mantener la motivación

Como hemos visto anteriormente, así es como funciona: tomas las riendas y sueltas los juicios de valor. Así, tendrás una "hoja en blanco" sobre la cual podrás pintar tu nueva historia. Es una metáfora un poco cursi, pero es increíblemente poderosa, ¡así que para el carro y no salgas corriendo todavía!

Y con una hoja en blanco, ahora tienes la capacidad de darle la bienvenida a la multitud de TUS PROPIOS atributos maravillosos, positivos, motivacionales e inspiradores que ya existen y esperan pacientemente ser expresados. Más específicamente, la capacidad de ser la abeja reina del pensamiento positivo y la abundancia de amor propio.

En el mundo de la autoayuda, todo tiene su origen en el amor propio, cuya definición es exactamente como suena. Y este es el asunto con el amor propio: no importa cuáles sean tus circunstancias presentes o pasadas, claro que puedes tenerlo y practicarlo. Deberías, y lo harás cuando puedas sentirlo en carne propia. El amor propio es algo adictivo, una droga en el buen sentido de la palabra. Pero lo increíble del amor propio es que *casi* nunca se tiene demasiado (el amor propio es muy diferente al narcisismo, por cierto).

Por lo tanto, darte a ti mismo una hoja en blanco sobre la que puedas pintar la historia de tu vida te permite empezar de cero y crear la vida que *tú* quieres para ti mismo. *Tú*. No tu madre, tu padre, tu esposo/esposa/fastidiosa abuela, etcétera. *Tú*.

Necesitas una hoja en blanco por muchas razones, pero sobre todo para hacer una pausa y pensar, realmente pensar, en lo siguiente: ¿Qué es lo que quiero en esta vida? ¿Qué tipo de historia quiero contar sobre mí, sobre mi vida?

En otras palabras, y para seguir con la metáfora de la hoja en blanco, ¿qué se ubica en el centro de la pintura (o sea, ¿cuáles son las cosas principales que quiero que sucedan en mi vida?) y qué se ubica en los alrededores? (es decir, ¿cuáles son los detalles y eventos secundarios que quiero que sucedan, que estén presentes, pero que no sean el centro de atención en la vida diaria?).

Evaluar estas preguntas te obliga a pensar seriamente en lo que es importante para ti, al igual que tus motivaciones. Comienza pensando en las ideas que te despiertan por las mañanas. ¿Un café, un té, el desayuno, un entrenamiento divertido, ver a tu bebé recién nacido? ¿Y con qué cosas sueñas despierto? ¿El tejido? ¿El fútbol? ¿El periodismo? ¿Ser entrenador personal? Sea lo que sea, visualízalo y recuérdalo. Además, ¿qué te imaginas haciendo en la vida de tus sueños?

Incluso puedes tomar una hoja en blanco de un cuaderno y escribir una página en la que describas tu vida soñada definitiva: en qué lugar te despiertas, qué ropa tienes puesta, las actividades que harás ese día, etcétera. Este es un ejercicio maravilloso al cual me he apegado hace ya un tiempo.

Motivación intrínseca versus motivación extrínseca

Tu deseo interior y tus motivaciones más profundas son tu *motivación intrínseca*. La motivación intrínseca es el razonamiento fundamental de por qué haces lo que haces. La motivación intrínseca es profunda, duradera y te toca en lo más profundo de tu ser. Es la madre de toda la motivación y debes prestarle atención especial.

La motivación intrínseca incluye varios factores, como las cosas en las que crees, lo que te da placer, lo que aborreces y lo que te motiva profundamente. Es la raíz del deseo sostenido, al cual, como todos sabemos, debemos prestarle muchísima atención cuando hacemos cosas.

En cambio, la *motivación extrínseca* es la satisfacción que ocurre más en el exterior, en la superficie. La motivación extrínseca incluye factores como apariencias, dinero o los cumplidos de los demás. La motivación extrínseca te ayuda a mantenerte motivado por un periodo corto de tiempo, pero hay estudios que han demostrado que es la motivación intrínseca, el deseo sostenido, el que realmente influye en tus metas.

Usemos el ejemplo mencionado anteriormente de ir al gimnasio. Si tu motivación fuera *intrínseca*, irías porque ir al gimnasio se siente bien, mejora tu estado de ánimo y hace que tengas el control del día. La motivación *extrínseca* incluiría tu deseo de querer lucir atractivo y ganar más masa muscular. Ambas son inspiradoras, pero, en mi experiencia, la diferencia es que la motivación intrínseca te alinea con el éxito a largo plazo.

Por lo tanto, ahora que tienes una hoja en blanco y eres consciente de algunas de tus motivaciones intrínsecas y extrínsecas, apliquémoslas a la metáfora de pintar el cuadro de tu vida llena de amor propio y cuidado intencionados. Sabes qué es lo que te motiva por dentro y por fuera, así que toma esas motivaciones, juega con ellas y conforma con ellas la base de tu historia, una historia inmersa en amor propio y deseo...

Entrenamiento básico motivacional de amor propio

Ahora voy a centrarme en el "meollo del asunto", en lo que tiene que suceder para que puedas amarte a ti mismo por completo y en las herramientas que puedes emplear para acceder a la alegría, a la paz interior y a la dedicación duradera para tus sueños.

¿Por qué? Hay muchas razones, pero la más importante, *¿por qué no?* Además, el amor propio (la práctica de cuidar de uno y preocuparse por uno mismo) no solo es la base de nuestro bienestar, sino que una vez que satisfagamos nuestras necesidades en términos de cuidado, nos preocuparemos por los demás de una manera mucho más generosa.

Todos conocemos esa imagen de la mamá que hace todo por su familia. Cocina, limpia, lleva a los niños a la práctica de fútbol y arma el maletín de su esposo. Pero lo que no siempre se ve a primera vista es que, si bien los demás la perciben como "perfecta" y "considerada" —quizás ella sí es considerada (nadie es perfecto)—, es muy probable que se sienta agotada e incluso vacía por dentro. Se preocupa demasiado por su familia, pero se olvida de cuidar de ella misma.

Venimos de una larga historia de pensar que la abnegación es lo mejor. "Piensa en otros antes de pensar en ti mismo", decimos. Sí… pero también no, al menos en mi opinión. Por supuesto, hay circunstancias en las que pensamos en otros antes que en nosotros mismos, pero gran parte de la generosidad, la generosidad genuina, honesta y absoluta, viene de un lugar de satisfacción y plenitud propia.

Entonces, en resumen, aquí tienes una guía para el amor propio:

Cómo perdonarte a ti mismo (Deja de mortificarte por tus fracasos)

Ya hemos hablado de esto brevemente, pero ahora lo veremos en mayor profundidad. Una cosa es cambiar las palabras y los pensamientos en tu mente —y nuestras afirmaciones te ayudarán a hacerlo de manera increíble— pero otra muy diferente es aceptar el poder detrás de estas acciones. Por ejemplo, puedes hacer los ejercicios de afirmaciones ya mencionados, pero también necesitas *aceptar* la verdad detrás de estas afirmaciones. Practica vivir lo que afirmas.

Digamos, por ejemplo, que tu afirmación es "yo doy amor y el amor vuelve a mí" (es una buena frase para agregar a tu repertorio). Comienza a prestar atención a situaciones en tu vida en donde esto aplica. Recoges a tus hijos de la escuela porque los amas. Quieres verlos (aunque no TODO el tiempo, guiño, guiño), pero los amas incondicionalmente, absolutamente y terriblemente.

Tu vecino les regala un pan de zucchini "solo porque sí". Eso es amor; amor que vuelve a ti, nada más ni nada menos. Comienza a prestarle atención a estas verdades y después (redoble de tambor) sigue escribiendo tus afirmaciones. Escríbelas por todas partes y en cualquier momento que puedas, y observa cómo tú y los demás comienzan a vivir esta verdad. Practícala, sumérgete en esta nueva realidad que estás creando.

Experimentar estos cambios es genial, realmente genial, sobre todo cuando comienzan a suceder.

¿Es cursi? Absolutamente. Y funciona. De verdad.

Para poder superar tus bloqueos mentales, debes perdonarte a ti mismo por completo y sin condición. No me importa si has tenido una vida criminal o si eres una persona que carga con una culpa extremadamente exagerada, debes dar un paso atrás y CONFIAR en que perdonarse a uno mismo es la *única forma de seguir adelante.*

La culpa es una emoción absolutamente desperdiciada. Quedarse sentado y sentir culpa no hace más que sumar elementos tóxicos a tu existencia (sin mencionar a tu energía) y es increíblemente perjudicial para tu recuperación y/o proceso de superación personal. Siéntete mal por, digamos, dos segundos, y luego deshazte de esa culpa. Mantén en tu memoria a corto plazo todo eso por lo que te sientes culpable.

Mi analogía favorita para esto sería la de un jugador de fútbol americano, en particular, un mariscal de campo. Digamos que comete un error garrafal, como una intercepción. Su equipo está perdiendo por varios puntos y tiene una oportunidad más de hacer un buen pase y, con suerte, hacer un *touchdown* cuando el receptor atrape el balón.

¿Crees que se quedará sentado, regodeándose en la vergüenza por el error que acaba de cometer? Claro que no. ¿Qué bien le haría?

Entonces, ¿qué hace nuestro mariscal? Se reúne en grupo con su equipo, les explica la próxima jugada, revisa la estrategia del equipo y sale a ejecutar su próximo pase. No se mortifica. No se queda sentado a llorar. Sigue adelante. Saca adelante a su equipo y a él mismo, en sentido figurado (y con suerte, literal también). Incluso es probable que gane el juego en esta última jugada, a pesar del hecho de que estaba bajo mucha presión. Y la única razón por la cual es capaz de hacerlo es porque se deshizo de los potenciales pensamientos autocríticos sobre la jugada anterior y comenzó desde una hoja en blanco.

Tómate tiempo para ti mismo

Una vez que te hayas librado de la culpa, es el momento de tomarte el tiempo para TI MISMO que necesites. Puede sonar poco realista según tus circunstancias, pero tomarse el tiempo para soñar y asimilar las cosas que amas de la vida es absolutamente necesario para recibir con los brazos abiertos las mejoras en tu vida.

Entiendo que estemos ocupados. El tiempo es escaso. Tenemos obligaciones, familias, eventos, vidas sociales, compromisos laborales, etcétera. Puede que te preguntes, ¡quién tiene el tiempo para sentarse a soñar! Bueno... ¡tú lo tienes! Solo hace falta un poco de astucia, intuición y tiempo apropiado organizado de modo eficiente.

Sí, lo único que tienes que hacer para soñar es estar presente en tu vida diaria. Practica estar en el momento y, en cada actividad diaria, pregúntate: ¿esto es algo que disfruto? ¿Esto es algo a lo que quiero dedicarle mi tiempo o mi dinero? ¿Esto es algo que quiero que haya más o menos en mi vida?

Responde estas preguntas rápidamente —no les dediques demasiado tiempo— y sigue adelante con tu día. Presta atención a en cuáles momentos del día te olvidas de lo lento o lo rápido que pasa el tiempo o cuando pierdes la noción del tiempo por completo. ¿Qué estás haciendo en esos momentos? ¿Estás trabajando, jugando con tus hijos, cantando, haciendo bromas, paseando a tu perro, pasando tiempo con amigos? Todo cuenta —y cuenta en grande.

Toma estas actividades que amas y comprométete a pasar más tiempo haciéndolas. Sin importar lo que cueste. Repito: sin importar lo que cueste. Puede que no suceda de la noche a la mañana. Puede que no suceda en un par de meses, pero a medida que pase el tiempo, sigue renovando tu compromiso con estas actividades, incluso si es solo por cinco minutos al día.

Además, cuando puedas, tómate un minuto para escribir en una nota autoadhesiva o en la aplicación de notas de tu teléfono todas las cosas que quieres hacer más en tu vida, las cosas que valen tu tiempo y tu dinero.

Las cosas que disfrutas por puro placer, que consideras importantes, imprescindibles, productivas, satisfactorias. Esto se llama "priorizar", y hará maravillas mientras te haces tiempo para *ti mismo*.

El tiempo para TI MISMO es una parte importante al escribir tu historia de vida llena de amor propio. (Lo repito, incluso si no puedes tomarte demasiado tiempo, haz que lo que puedas hacer cuente. Y que cuente en grande). Si no nos tomamos tiempo para nosotros mismos, nos sentiremos vacíos, débiles, y finalmente nos quedaremos sin gasolina. Esta energía vacía y frenética es lo que vuelve miserables a las personas. Es responsable de las enfermedades, nos deja agobiados y mal pagados. Y definitivamente no sacia nuestro paladar de amor propio, el cual también necesita algo de sustento.

Cuándo decir "No" (Simplemente di "No")

Sí, a nosotros, las personas complacientes, nos cuesta mucho hacerlo. Y cuando escalas posiciones en el trabajo, quieres ser una supermamá o cuidas de un padre de la tercera edad, es aún más difícil. Pero esta es la clave: no te comprometas de más. Diles "no" a las cosas que te estresan y te dejan sin energía.

¡Decirles que no a las cosas que no son responsabilidad tuya es, de hecho, empoderante! Te da tiempo y espacio y, por una vez, deja que alguien más haga su propio trabajo (si es que estaba holgazaneando). Ayuda a los demás a que *te* ayuden. Por supuesto, puedes regresar el favor de vez en cuando, pero por ahora, decirles que no a las obligaciones de más o incluso si te piden una mano te dará mucho más tiempo y espacio para relajarte a nivel mental y emocional y, posteriormente, nutrir *tu* espíritu.

Acepta la paciencia y confía en el proceso

Ah, la paciencia. Sé paciente, amigo mío. Estos cambios no van a ocurrir de la noche a la mañana. El éxito no llega a un ritmo calculado, constante o planeado estratégicamente. El éxito es algo desorganizado al principio; por lo tanto, hagas lo que hagas, sé paciente. A tu cuerpo, tu mente o tu espíritu quizás les lleve algo de tiempo alcanzarte. El cambio va a suceder.

Cada vez que avances hacia adelante, un nuevo desafío se presentará; eso te lo aseguro. Un nuevo nivel trae consigo un nuevo enemigo, y eso es cierto. De repente, cuando estás en un estado mental nuevo, incluso libre y más evolucionado, tienes un nuevo punto de vista. Una forma renovada de ver las cosas. Entonces, cuando un problema se presente, tómate tiempo para resolverlo.

Sin embargo, hagas lo que hagas, sigue adelante. *Lograrás* resolverlo, y después de algo de práctica, incluso tendrás control sobre ello.

Capítulo 3: Las mejores herramientas para el cuerpo y la mente para mantener la motivación

Ahora te contaré sobre mi rutina de todas las mañanas, y quiero que tomes nota en este caso. ¡Jaja, en serio! Las rutinas matutinas son súper importantes para preparar tu día para el éxito, y si no tienes una, este es el momento perfecto para cambiar eso. Ya no va más eso de posponer la alarma y seguir durmiendo, saltarte la ducha matutina y comer comida chatarra de desayuno mientras esperas el semáforo antes de llegar a la oficina.

Imagina, si quieres, que tienes una reunión de trabajo a las ocho de la mañana. Pones la alarma a las 5:30 de la mañana, con intenciones de ir al gimnasio, preparar un desayuno liviano, darte una ducha y manejar hasta el trabajo. Pero estás cansado, así que aprietas "posponer" una, y otra, y otra vez. Antes de que te des cuenta, son las siete y te has perdido la hora del entrenamiento, así que saltas de la cama, te duchas rápido, agarras una barra de cereal y sales con prisa para llegar a tiempo.

Sigues un poco atontado y nervioso y sientes culpa por no haber hecho ejercicio. No te has dedicado el tiempo adecuado para preparar un día maravilloso. Y eso se refleja en tu energía en la oficina. Esta energía negativa, de hecho, atrae más negatividad a tu día. No me sorprendería que, en esta mañana peor de lo habitual, llegara tu jefe y te preguntara por qué no estabas a las 7:30 de la mañana en la reunión de la cual te habías olvidado por completo.

El objetivo aquí es prepararte para tener un día exitoso, y mezquinar en "hacer solo lo que tienes que hacer" es vibrar en una baja frecuencia y atraer más drama. Ahora, imagina una mañana en la que te despiertas apenas suena la alarma. Te dices que hoy será un día maravilloso y que algo, aunque sea una sola cosa, genial va a ocurrir hoy. Haces la cama, te cepillas los dientes, sales a correr un rato, te bañas, preparas un batido saludable para el desayuno y te

tomas bastante tiempo para vestirte para el trabajo —
y para algunos de ustedes, incluso hay tiempo
suficiente para maquillarse.

Llegas al trabajo, tu jefe entra a tu oficina y te llena de
cumplidos por un informe que hiciste el martes
pasado. Se lo presentó a sus superiores y les encantó,
e incluso quieren tenerte en cuenta para un puesto
superior dentro de la empresa. No afirmo que
funciona así de mágicamente todas las veces, pero el
universo funciona en maneras misteriosas y
vinculadas energéticamente. Bien podrías prepararte
para estas últimas.

Sí, hay días en los que necesitamos dormir una hora
más. Sin embargo, en realidad, eso no debería ser lo
normal. Ve a la cama a una hora decente, para que
puedas despertarte renovado y listo para comenzar el
día...

La hora del poder (Inspirada en Tony Robbins)

Realmente tienes que hacer lo siguiente: reserva una HORA DEL PODER en la mañana para ti mismo. (Puede que tengas que poner una alarma a una hora muy temprana para hacerlo, pero debes saber que esto pronto se convertirá en parte de tu rutina matutina que nunca más querrás perder. Es así de valioso y te cambiará la vida).

Una Hora del Poder es un momento para ti, para que realices unos ejercicios cortos que cambiarán tus días, un día a la vez, y que con el tiempo cambiará tu vida. Recuerda que la vida no es un ensayo de vestuario. Debemos dar lo mejor de nosotros mismos lo más seguido posible, así que nada de quejas y comprométete con esto durante al menos una semana. ¡Es una promesa!

Experimenta con estos ejercicios. Mira de qué manera influyen sobre ti. Desafíate a ti mismo para hacer que sucedan. Luego recompénsate con una cena saludable, una clase de yoga o un masaje el fin de semana (o cualquier cosa que disfrutes. En esta etapa de mi vida, prefiero elegir actividades saludables porque me ayudan a recargar energías).

El poder de un diario: Cómo mantener la motivación con un diario (Inspirado en Julia Cameron)

* PÁGINAS MATUTINAS - Sí, estas consumen demasiado tiempo, así que tendrás que poner una alarma media hora más temprano o modificar el horario de alguna otra cosa (como tu entrenamiento) y hacerlo más tarde en el día para lograr completar las Páginas Matutinas. Pero CRÉEME, vale MUCHÍSIMO la pena.

Seguro te preguntas qué son las Páginas Matutinas. Bien, las páginas matutinas son una herramienta que te ayudará a liberar la ira, el resentimiento y la culpa, a celebrar tus pequeños logros y, a su vez, te ayudará a construir sobre ellos para acercar a tus sueños más a la realidad.

Otro nombre para las "Páginas Matutinas" es "escritura libre". Quiere decir que tendrás un cuaderno al lado de la cama (puede ser un cuaderno barato del supermercado o, por supuesto, puedes ir por un estilo elegante, decorativo y a la moda). Al despertar, date la vuelta en la cama, toma tu cuaderno y empieza a escribir tus tres páginas.

¿Sobre qué deberías escribir? CUALQUIER COSA. TODO. Cualquier cosa que venga a tu mente, escríbela en la página. Incluso si piensas que es horrible, amargo o simplemente estúpido, escríbelo.

Escribe rápidamente y escribe lo que se te ocurra, incluso si es "no quiero lavar la ropa, mi perro hizo pipí en la alfombra, amo a mi novio", etcétera. A veces escribirás cosas mundanas, otras veces serán inteligentes, ocurrentes, hasta brillantes. Algunas de mis *mejores* ideas absolutas vienen de las Páginas Matutinas.

A las Páginas Matutinas también se les dice "drenaje mental", ya que este ejercicio de escritura nos permite eliminar los pensamientos negativos y tóxicos de nuestro cerebro. Después de terminar las tres páginas, dejamos el cuaderno junto a la cama, dejamos atrás nuestras preocupaciones, ideas y alegrías y sigues con tu día sintiéndote proactivo, por no mencionar lleno de energía positiva (porque ya has liberado todas las toxinas mentales).

Nota: No puedo llevarme el crédito por esta herramienta. La idea vino originalmente de la genial Julia Cameron, en su libro increíblemente útil *El camino del artista*. Las páginas matutinas y otras herramientas de este libro han sido como un milagro para mí. No puedo dejar de recomendarlo.

Usa las afirmaciones para mantenerte motivado (cómo lavar tu propio cerebro)

*AFIRMACIONES: Después de tus páginas matutinas, guarda algo de espacio (quizás media página) para escribir algunas afirmaciones. (Ya hemos hablado de esto, ¡espero que lo recuerdes!). Comienza a pensar en cosas de las que quieres tener más en la vida e inclúyelas en tus afirmaciones. Por ejemplo, si quieres tener más dinero en la vida, una afirmación como "el dinero fluye hacia mí, soy bien recompensado por mis esfuerzos en el trabajo". Si quieres ganar más masa muscular y sentirte más fuerte, puedes decir "soy fuerte". Si quieres superar las ideas negativas sobre tu imagen corporal, intenta con "soy un hermoso ser de luz, pase lo que pase".

Te repito, escoge una afirmación que resuene contigo de manera positiva, o incluso una afirmación que provoque una reacción negativa o incómoda en ti. (En ocasiones, una fuerte reacción negativa hacia una afirmación o punto débil significa que tenemos que trabajar mucho en esa área en particular. El mejor tipo de crecimiento ocurre aquí).

Escribe la afirmación una y otra vez. Puede ser unas diez o veinte veces, después de tus páginas matutinas. Elige una o dos frases y apégate a ellas durante unos días. Hazte a un lado y observa cómo tu energía y tus prioridades en la vida cambian para mejor. Mira, la satisfacción productiva se sentirá y *estará* más cerca tuyo.

¿Meditación para mantener la motivación?

La tercera actividad para tu "hora del poder" es la meditación. Ahora, ¡no dejes que esa palabra te ponga como loco! Piénsalo: cinco minutos de tiempo en silencio, como en el jardín de niños. Siéntate en algún lugar de la habitación o en un lugar que te dé gran alegría. Siéntate de piernas cruzadas o en alguna posición cómoda para ti, y comienza a respirar lento y de manera consciente. Concéntrate en la respiración. Inhala y exhala, inhala y exhala. Visualiza al aire entrando en tus pulmones, quedándose allí un instante y luego escapando.

Cuando los pensamientos del día comienzan a invadir tu mente, relájate, deja que salgan por tus poros y vuelve a concentrarte en tu respiración. Inhala y exhala, inhala y exhala. Como un latido constante. Tómate al menos cinco minutos al día para hacer esto.

Sé lo que estás pensando... ¿meditación para la motivación? ¿En serio?

Después de todo, ¿la meditación no se trata de relajarse y sentirse a gusto? Y si algo es la motivación, es el impulso para lograr o ganar algo.

Sin embargo, la meditación es más que contento y paz mental. La meditación es claridad y vivir en una relación honesta y directa con tu mundo. La meditación no solo deja una marca permanente en tu sofá. También tiene un profundo impacto en la forma que vives tu vida y en cómo logras y mantienes la motivación. Además, las cosas irán mucho mejor cuando estés en paz contigo mismo (aquí me refiero a la paz interior; no es que tienes que pasarte horas sobre colchonetas de meditación).

Tu hora del poder: Cómo aprovecharla al máximo y mantenerte motivado a lo largo del día

Sé que es difícil priorizar este tiempo para ti mismo. Fíjate lo que puedas hacer. Incluso si haces tu meditación cinco minutos antes de ir a dormir, también funciona. Haz lo que funcione para ti, pero intenta apegarte a las páginas matutinas temprano por la mañana. Ellas harán que tu día comience de la mejor manera.

También recuerda lo siguiente: cada una de estas prácticas es, bueno, una práctica. Así como no puedes correr una maratón sin entrenar, no puedes cambiar tu vida o darle un giro de 180 grados a un aspecto de tu vida de la noche a la mañana. Tienes que practicar. Con el tiempo, el cambio llegará.

A lo largo de mi camino continuado de desarrollo y crecimiento personal, la lección de la consistencia a largo plazo ha sido la cosa más difícil que he tenido que aprender. Antes hacía una de estas actividades y, como no veía un gran cambio de inmediato, la dejaba, o incluso peor, me rendía. No, no, no. Así no es como funciona.

"Despacio y constante se gana la carrera"; ese es el truco. Y si ese ritmo no es tu punto fuerte (tampoco es el mío), practica. Desglosa los ejercicios. No tienes que comerte toda la enchilada de una vez. Comienza tu primera semana solo con las páginas matutinas un par de veces. Observa cómo te sientes. Después agrega las afirmaciones y más adelante la meditación.

Pronto tendrás una genial rutina matutina que te mantendrá presente en el momento, preparado para afrontar los desafíos de la vida justo en el centro. En tu centro. Porque tu corazón es fuerte y está preparado para las tareas que están por llegar. Solo tienes que prepararlo un poco.

Capítulo 4: Tu visión de la vida (Tablero de visión)

Okay, ¿estás listo? Este es mi favorito. Se llama tablero de visión, y también cambiará tu vida, *sobre todo* si eres una persona visual como yo. (Y si no eres visual, no te preocupes, también te ayudará un montón).

Un tablero de visión consiste de imágenes que representan tu vida soñada. Puedes recortar estas imágenes de las revistas, del periódico, imprimirlas... lo que quieras. La única regla es que las imágenes deben resonar contigo. Deben evocar un sentimiento poderoso de alegría, satisfacción, e incluso un poco de temor (¡hasta nuestros mejores sueños pueden darnos miedo!).

Cubre con imágenes una cartulina, preferiblemente con brillos o de colores llamativos y divertidos, y pégala con cinta en la pared. Coloca el tablero de visión en un lugar donde puedas verlo con regularidad, a simple vista. El espejo del baño es un lugar ideal. Míralo con frecuencia, disfruta de él, y pregúntate: ¿*cómo voy a hacer realidad estas visiones?*

Una vez que tengas tu tablero de visión, observa cada imagen por separado. Comienza con la primera imagen. Pregúntate, ¿*en qué momento de mi vida me gustaría vivir la visión o meta que representa la primera imagen?*

Digamos que es una imagen de un bote (puede ser un pequeño velero o un yate, ¡lo que más te guste!).

Mira la imagen del bote y trabaja en retrospectiva. Digamos que en tres años te gustaría tener un bote para ti y tu familia, y en este momento no estás para nada cerca de eso. Piensa para ti mismo: ¿qué necesito para tener un bote y cuándo necesito tenerlo? Si es dinero, ¿cómo lo ganarás, obtendrás, pedirás prestado y/o lo manifestarás? Antes del dinero, quizás te des cuenta de que eres un adicto al trabajo y que necesitas *tiempo* para dedicarle al bote. ¿De qué manera cambiarás tu vida para tener más tiempo disponible para estar con tu familia y disfrutar de tu nuevo bote?

Yendo aún más atrás, quizás todo este asunto del bote y el tiempo en familia hizo que pensaras en la idea de darle un hermanito o hermanita a tu pequeño de dos años. Puede que quieras hablar con tu esposa o esposo sobre tus planes de agrandar la familia para completar tu visión.

Crear tu propio tablero de visión abre un mundo de posibilidades para ti y tus sueños. En cierto modo, es una hoja en blanco sobre la cual pintas tu propia realidad. Incluso puedes descubrir sueños que no sabías que tenías. ¡A mí me sucedió!

Durante mucho tiempo, le he tenido miedo a las alturas y a caer. Es un miedo natural —muchas personas lo tienen, por supuesto— pero en mi caso, me impedía hacer cosas divertidas que sabía que me gustaría probar.

En una ocasión, estaba en un viaje de campamento de aventura, y el instructor nos dijo que teníamos que lanzarnos desde una larga (por no hablar de increíblemente elevada) tirolesa al final de un circuito de cuerdas en altura. Estaba aterrada. Uno por uno, todo mi grupo de compañeros campistas se lanzaron por esta tirolesa, sin problemas. Yo, por supuesto, fui la última y, lamentablemente para mí, la única forma de bajar del circuito de cuerdas era la tirolesa. En otras palabras, tenía que dar el gran salto.

Mis compañeros campistas vitoreaban y me alentaban a hacerlo, a dar el salto y caer desde 40-45 metros de altura. ¿Y bien? Solo me tomó una hora, pero finalmente me animé y me deslicé por la tirolesa.

¿Y sabes qué fue lo más loco e increíble de todo? *Me encantó*. La emoción de hacerlo era excitante. Todo el mundo me alentaba. Al aterrizar, temblaba por mi miedo anterior a saltar y de la alegría por finalmente hacer algo que pensaba que no podía hacer. Algo a lo que le tenía un miedo profundo.

El punto de la historia es este: la experiencia de la tirolesa y mi éxito posterior al dar el salto me ayudó a darme cuenta de que tengo el sueño —que debo incluir en mi tablero de visión— de hacer salto *bungee*. Saltar al vacío desde una superficie muy elevada y solo estar amarrada con una cuerda elástica.

¡Y ESTO viene de la chica que no quería lanzarse por una tirolesa!

Verás, crear un tablero de visión se trata de ahondar un poco más profundo en ti mismo y descubrir qué experiencias del pasado has disfrutado. Los tableros de visión te ayudan a visualizar cómo evolucionan estas experiencias, así puedes unir las piezas del rompecabezas de la vida y hacer que tus metas se cumplan en la mejor y más verdadera versión posible. Todos nuestros sueños están ahí, esperándonos. Solo tienes que reducir las tantas opciones que la vida nos ofrece y decidir cuáles de ellas quieres perseguir.

Y tienes que armar un plan.

Sí, ahora que tenemos *lo que queremos* en papel y algunos detalles sobre *de qué manera* vamos a conseguirlo, debemos establecer el momento exacto para que todo esto suceda. Esta es mi sugerencia, basándome en cómo he manifestado ciertos sueños y los he hecho realidad: compra o hazte un calendario para completar con los pasos específicos que tienes que cumplir para que tu visión se haga realidad.

Si tomamos el ejemplo del bote, ¿en qué fecha deberías tener el dinero para comprar el bote? Entonces comienza a trabajar desde esa fecha hacia atrás. En otras palabras, ¿cuál es el paso que tienes que completar para poder conseguir el dinero adicional? ¿Tendrás trabajo extra en una fecha determinada? O quizás vas a pedir un préstamo en una fecha determinada o le pedirás dinero prestado a una tía rica que te quiere demasiado y te apoya sea como sea.

Pase lo que pase, debes ser específico con los detalles de lo que necesitas que ocurra. Establece una línea de tiempo. Al universo le gustan los detalles, y una vez que le expreses estos detalles y deseos al universo y crees un plan para perseguir estas visiones, mira cómo los detalles y las oportunidades empiezan a venir hacia ti.

El paso final de tu proceso de creación de un tablero de visión es, bueno, *visualizar* cómo serán tus sueños (y tu vida) una vez que los hayas cumplido. En otras palabras, ¿cómo se verá tu vida una vez que tengas tu bote? ¿Trabajarás menos? ¿Más? ¿Tendrás otro bebé en la familia y trabajarás menos (o más)?

Usa tus sentidos para imaginar, imaginar de verdad, cómo será tu vida con ese bote. Siente el olor del océano, imagina la expresión en el rostro de tu esposa, o de tus hijos, cuando les muestres el nuevo bote. Visualiza tu nuevo nivel de confianza, pues habrás creado algo increíble en tu vida que realmente querías que se hiciera realidad. Hiciste que sucediera.

Visualizar estos detalles es súper importante para que se materialice y, como dijimos anteriormente, para tu nivel de motivación intrínseca. Es altamente probable que tus sueños se hayan inspirado en la motivación intrínseca. Tu visión y tus metas también. Así que, a fin de hacerlos realidad, precisa qué detalles de los elementos de tu panel de visión te dan felicidad, te satisfacen, te alegran y te entusiasman.

Entonces sal ahí afuera y ve por ellos.

Otra nota sobre los tableros de visión: actualízalos todos los meses o cada unos meses. Nuestros sueños y metas cambian a lo largo de nuestra vida. Nuestras ideas evolucionan mientras ciertos elementos de nuestras visiones comienzan a desarrollarse.

Asegúrate de que tu tablero de visión corresponda con tu visión actual, no una que creaste el otoño pasado y que la has dejado algo de lado.

Además, comprométete al máximo con tu tablero de visión. Sabemos que nuestras vidas están cada vez más ocupadas y nuestras prioridades cambian a lo largo del año, tenemos vacaciones, celebraciones y eventos más complicados, pero sigue controlando tu tablero de visión. Como dijimos antes, colócalo en un lugar destacado, donde puedas verlo con frecuencia.

Sigue estos pasos y observa cómo tu visión se desarrolla de tantas maneras que hasta ese momento jamás hubieras imaginado. ¡No puedo esperar a que lo intentes! Entonces, ve por una cartulina brillante, unos lápices o bolígrafos de colores, aprovecha tu increíble imaginación y ponte a trabajar.

¿Y si no tienes idea de qué agregar a tu tablero de visión? ¿Y si, por el contrario, tienes tantas ideas que necesitas reducir tus opciones?

Aquí tienes unas sugerencias:

Haz un viaje mental y regresa a cuando eras pequeño. Después de todo, aún tenemos un niño en nuestro interior *en alguna parte*. Busca a ese niño interior y rememora lo que te gustaba hacer cuando eras más pequeño. ¿Qué actividad hacía que el tiempo pasara rápido en las vacaciones de verano? ¿Qué era lo que más te emocionaba de tu día? ¿Eran los deportes, la música, tus amigos, los juegos, el teatro, la clase de matemáticas?

Fuera lo que fuera, piensa de qué manera podrías traer a tu vida más elementos de esas actividades tan deseadas. Podrías tomar lecciones de música para adultos, unirte a una liga de baloncesto amateur o ser el entrenador del equipo de fútbol de tu hijo. Cuando se trata de crear tu tablero de visión, todo cuenta en grande.

Otra idea para descubrir tus sueños y visiones es imaginarte a ti mismo en el final de tu vida. Esto es un poco más difícil, pero sin dudas vale la pena intentarlo. Sí, al final de tu vida, ¿qué te gustaría haber logrado, o de qué cosas que has visto desarrollarse a lo largo de tu vida te gustaría haber sido parte? Usa este ejercicio para influir en esas cosas que quieres incorporar a tu tablero de visión.

Además, piensa lo que le habrías dicho al yo del presente al final de tu vida. Por ejemplo, tengo la tendencia a preocuparme demasiado por todo. *¿Estoy haciéndolo bien, voy a tener éxito?* Me descubro preocupándome por estas cosas bastante seguido.

Sin embargo, en mi vida futura, me imagino a la yo de la tercera edad diciéndole a la yo del presente que no se preocupe, que disfrute el viaje un poco más. Entonces, podría incorporar elementos que representen disfrutar más la vida a mi visión y a mi tablero de visión.

Este ejercicio también te ayudará a priorizar tu lista de visiones. Nuestro tiempo en esta tierra es limitado y no debemos darlo por sentado. Entonces, ¿cuáles son las cosas más importantes —o las cosas que son más importantes para ti que te gustaría lograr en los próximos meses, el próximo año, dentro de cinco años, etcétera? ¿Y qué cosas puedes dejar al lado del camino?

Espero de todo corazón que la pases increíble creando tu tablero de visión. Date permiso para volver a ser un niño por una noche e imagina realmente una vida nueva y mejorada para ti y/o para tu familia. ¡Y disfruta!

Capítulo 5: Cómo transformar lo negativo en positivo (Cómo lidiar con las adversidades)

Ahora viene la parte más difícil. Tenemos que hablar de algunos aspectos negativos del cambio, pero no te preocupes. No seguirán siendo negativos por demasiado tiempo. Verás, a medida que cambias, creces y te vuelves más fabuloso en este proceso, es muy probable que te enfrentes a unos cuantos obstáculos (es decir, complicaciones).

Veamos cómo lidiar con algunos de los mayores obstáculos:

Cómo lidiar con personas que cuestionan tu superación personal

Cuando crecemos, otras personas, en particular amigos y familiares, pueden estancarse en sus vidas. Y esto puede hacer que no precisamente amen o aprecien los cambios que hacemos. De hecho, quizás intenten frenarnos o impedir que sigamos avanzando.

Verás, a veces las personas se acostumbran tanto a la versión de nosotros mismos que siempre hemos sido, incluso si esa versión está algo "bloqueada", que cuando liberamos la mente y el espíritu, sienten un poco de miedo. A medida que crecemos y se expanden las visiones de nuestras posibilidades, ya no encajamos en el molde dentro del cual se han acostumbrado a vernos.

También les tomará algo de tiempo adaptarse a ello.

En la mayoría de los casos, nuestra familia y nuestros amigos seguirán amándonos y preocupándose por nosotros, así que tenemos que ser pacientes con sus advertencias y críticas. A medida que crecemos, pueden tener miedo porque "nos ponemos grandes" o "estamos actuando extraño" (metafóricamente, claro), pero lo que realmente sucede es que estamos expandiendo nuestra idea de las posibilidades disponibles para nosotros y para quienes nos rodean. Te repito, solo ten en cuenta de dónde vienen.

Cuidado con la gente tóxica...

En algunas ocasiones, a medida que nuestras perspectivas evolucionan para que seamos mejores y más libres, algunos amigos y familiares pueden ser... algo tóxicos. Estos son los bravucones con los que tenemos que lidiar. Los amigos y familiares tóxicos pueden sabotear nuestros esfuerzos si permitimos que lo hagan. Y es fácil permitírselo.

Mientras haces cambios y mejoras tu vida, ten cuidado con esa persona en tu vida que de repente se vuelve muy demandante de tu tiempo y tu atención. Quizás siempre ha sido así y no te habías dado cuenta, o quizás nota tus cambios de forma subconsciente y tiene un poco de miedo.

En cualquier caso, evalúa hasta qué punto estas personas todavía encajan en tu vida. Tal vez tengas que tomar distancia de ellas durante un tiempo, y eso está muy bien. Filtra sus llamadas y llámalas cuando tengas un momento para ti mismo, bajo tu supervisión. O no les devuelvas la llamada en absoluto. Cuando estés por tener tu Hora del Poder y te llaman en medio de una minicrisis, no respondas el teléfono de inmediato. Haz lo que tienes que hacer por *ti mismo*. De todas maneras, estarás mucho mejor preparado para manejar la situación, después de tomarte tu tiempo para hacer tus Páginas Matutinas y tus afirmaciones.

Decide hasta qué punto es bueno para ti tener estas personalidades "tóxicas" en tu vida, y si no puedes mandar a volar a alguien que se lo merece de inmediato, decide hasta qué punto puedes lidiar con ellos sin que interfieran con tu progreso.

Cómo lidiar con el autosabotaje

Sabotaje - Okay, este sí es un PROBLEMA, así que debes estar pendiente a cualquier situación en la que crees que el sabotaje está acechando.

Mientras sigues adelante con tu vida, haciendo cambios increíbles, y tus sueños, visiones y metas se actualizan, todo marcha muy bien, ¡¿verdad?! Eh... No exactamente. Verás, lo que puede ocurrir, si no tenemos cuidado, es algo llamado autosabotaje.

El autosabotaje es la parte temerosa de tu mente que, de manera subconsciente, te dice que crecer y alcanzar la grandeza da miedo, así que intentas frenarte a ti mismo, ya sea a propósito o no.

Me gusta usar ese ejemplo. Durante mucho tiempo, cada vez que las cosas comenzaban a ir bien en mi vida, me enfermaba. Un resfrío, una gripe, una repentina infección de la vejiga, lo que sea. Pero sin importar cuánto intentara cambiarlo, cada vez que la vida iba increíble, solo tenía que apartarme de esa grandeza por una semana, o dos, o tres, para ver cómo mis mejoras se detenían abruptamente. (Sí, sé que las cosas suceden, y sí, sé que todos nos enfermamos, pero esto era de una naturaleza más psicológica).

Terminaba en visitas al médico, una tras otra, pensando que algo estaba mal conmigo, y solo me decía que era un virus obstinado, lo cual, en retrospectiva, quizás era cierto.

El punto aquí es que había aprendido este patrón de sabotaje a una edad temprana, sea cual sea el motivo, y que jugaba un papel importante (demasiado importante) en mi vida adulta.

Tenía que irse. Entonces, escribí en mi diario (es decir, escribí mis Páginas Matutinas) y cambié mis afirmaciones para incluir frases sobre cuerpos y mentes saludables. Me llevó mucho trabajo, muchísimo de hecho, pero ahora voy por el camino del éxito sin tener que detenerme un par de semanas para curarme de alguna enfermedad grave.

El punto es este. Debes estar pendiente del autosabotaje. Especialmente a medida que te acercas cada vez más a hacer realidad algunos de los elementos de tu tablero de visión, vigila profundamente tus propios esfuerzos para que tu progreso explote de manera subconsciente.

Y sea lo que sea que hagas, no sucumbas ante él. Encima hay que lidiar con los esfuerzos de otras personas para sabotearnos. ¿Recuerdas a esos amigos tóxicos? Okay, asegúrate de que no estén saboteándote a ti también. Quizás lo hacen sin que te des cuenta.

Tu conciencia es tu responsabilidad

Te repito, presta mucha atención cuando te acerques a tus visiones y tus sueños. Incluso cuando te acerques a un punto de referencia en el proceso para conseguirlos. Un amigo puede tener una crisis o un familiar puede necesitar una niñera para tu sobrina justo en la última oportunidad que tienes en el día para trabajar en ti y en tus metas.

No estoy diciendo que te libres de todas las responsabilidades, pero digo que mantengas los ojos y oídos atentos, porque esto puede suceder, y reflexiona con intención sobre a qué quieres dedicarle tu tiempo, energía y esfuerzo. No pierdas de vista el objetivo, pues te lo mereces por completo. No pases tanto tiempo con personas que agotan tu energía o con espíritus negativos que quieren abatirte.

De hecho, y de esto trata la próxima sección, encuentra los espíritus positivos que vibran alto, que mejoran tu estado de ánimo y son sólidos modelos a seguir para aquello que quieres lograr...

Tu héroe: Cómo encontrar la inspiración

Ahora te juntas con los chicos *cool*. La gente triunfadora, divertida, que vibra en una alta frecuencia. De repente, te "obsesionas" con una de ellas y se convierte en tu héroe. Tu "héroe" es alguien que has elegido como un increíble modelo a seguir. Él o ella hace lo que *tú* quieres hacer y puede darte muchas indicaciones para ayudarte a llegar a donde quieres estar.

Un héroe entiende la necesidad de tener alguien a quien admirar y con quien pasar tiempo neutral (o sea, juntarse con esa persona y dejar que la energía de ambos se refleje en ustedes mismos). Un héroe puede ser más joven, más grande, más delgado, más obeso, más rico o más pobre que tú. Es alguien que simplemente "lo entiende", que quiere alcanzar las estrellas y quizás ya haya tocado algunas de ellas.

Rodéate de estos héroes tanto como sea posible. Imita su comportamiento, frecuenta lugares donde puedas encontrarlos, y luego date a conocer a ti mismo y a tus aspiraciones. Esta actividad ha hecho maravillas por mí, así que no puedo dejar de recomendarla. Tanto de nuestra vida y de nuestro éxito involucran a los contactos y las relaciones basadas en la energía increíble, así que esta es tu oportunidad, ¡sal ahí afuera a encontrarla!

Conclusión: Sé la mejor versión de ti mismo

Este es mi último consejo: sé tú mismo. Sé la mejor y más positiva versión de ti mismo que puedas ser. *Jamás*, por ningún motivo, te conformes. La vida es corta, y como dije antes, no es un ensayo de vestuario. Esta es la vida real. Así que toma las riendas de tu vida y pon la alarma a las cinco de la mañana. ¿Piensas que es imposible? No es cierto; alguien lo está haciendo en este momento. Y tú también deberías hacerlo.

Nunca tengas miedo de pedir ayuda. Ya sea que necesites que un terapeuta, un amigo o un héroe te ayude a sellar el trato con el éxito, hazlo. Pedir ayuda es particularmente importante cuando empiezas a forjar tu propio camino.

Piensa en el EQUIPO TÚ

El equipo de personas detrás de ti (tu familia, tu mascota, tus amigos, maestros, héroes, terapeutas, etcétera) debe ser excelente, y eso es algo sobre lo que tienes el control absoluto. Casi en su totalidad, podemos controlar con quienes interactuamos. Podemos elevar nuestra frecuencia y obligarnos a ser mejores con solo trabajar para rodearnos del mejor EQUIPO TÚ posible.

Es más o menos algo como esto: tenía una terapeuta a quien criticaban por manejar un Lexus, ya que alguien la acusaba de ser pretenciosa. Con respecto a esto, mi terapeuta tenía un excelente punto. Ella me dijo: "estoy a cargo de ayudarte a trabajar en tus ideas, pensamientos, emociones y creencias. Mi trabajo es importante. Para la sociedad, sí, pero mucho más importante es para ti, la paciente. ¿Preferirías que maneje una chatarra destartalada?".

No podía estar más de acuerdo. Ella formaba parte del EQUIPO YO, y ciertamente quería que ella manejara un lindo auto, porque por alguna extraña razón, su auto era el reflejo de su éxito y, a su vez, del buen trabajo que hace conmigo para que sea la mejor versión de *mí*. ¡Bum!

Te doy otro consejo: no te desvíes del camino. Sé tan consistente como puedas con los ejercicios de este libro. Practica las Páginas Matutinas, la Hora del Poder, la meditación y yoga, incluso si no fue mencionado antes. Entra en el mejor estado mental posible para salir a conquistar tu día. Cada noche, dite a ti mismo que algo increíble sucederá al día siguiente. Porque cuando lo dices, se cumple.

Cada vez que las cosas no salgan como quieras, da un paso atrás y observa la trayectoria general. ¿Sigues yendo en la dirección que deseas? No te desvíes del camino, aunque tengas que revisarlo de vez en cuando. Sigue moviéndote a lo largo de tu trayectoria.

Favorece la inspiración (es decir, lava tu propio cerebro)

Escucha audiolibros inspiradores. Lee libros que te interesen. Ve a escuchar a un orador invitado en una universidad local, o busca sus discursos en YouTube. Con el internet, el mundo (y una fuente inagotable de inspiración) está al alcance de tus dedos, así que saca provecho de ello tanto como sea humanamente posible.

Relájate. *Sé* que es más fácil decirlo que hacerlo. Pero si no te has tomado vacaciones en diez años, busca una forma de hacer que eso suceda. ¡Y tómate *dos* semanas si puedes! Incluso si no puedes, tómate uno o dos días libres y arma un mini día de creatividad, en el cual puedas armar tu tablero de visión y pensar en ideas para los increíbles pasos que vas a dar en tu vida.

Sé específico y establece fechas límite

Compra o crea un calendario que muestre cuándo quieres hacer las cosas. Revísalo con mucha frecuencia. Repásalo cada día si es posible; *como mínimo*, una vez a la semana. Mantén tu visión fresca en la mente. Pon los asuntos importantes en primer plano y déjalos allí. (Pon las tareas de más y las metas secundarias en segundo plano).

No toleres las tonterías de nadie

Es muy probable que recibas críticas por tu progreso y por tu increíble, quizás nueva, motivación para mejorar tu vida. Otras personas (en particular amigos y familia) pueden no estar de acuerdo con esa visión. Recuerda: es tu visión y la de nadie más. Solo afecta a los demás si eres irrespetuoso o manipulador con ellos. De lo contrario, su trabajo es darte ánimos.

Al principio, mantén tu visión en secreto. Cuando eres un principiante en las visiones, lo *último* que necesitas son las críticas de los demás. De hecho, podrían arruinar tu visión antes de que siquiera comiences. Por lo tanto, quédate callado hasta que hayas avanzado en tu camino y tengas buenos cimientos bajo tus pies. Luego predica con el ejemplo. Si los demás se niegan a apoyarte, ese no es tu problema.

Sueña en grande. A todo o nada.

Sí, puede que termines fracasando muchas veces (a mí me ha sucedido), pero hacen falta varios intentos para descubrir el ritmo de nuestro éxito, la forma en que nos manejamos y alcanzamos nuestros logros.

No te dejes llevar por lo "realista"

La realidad ganará si dejas que lo haga, así que piensa en grande. Bien en grande. Piensa en alto, ancho, largo, y profundidad. Recuerda que tienes el poder de cambiar la vida de alguien, y más específicamente, tu propia vida. Comprende el valor de ello, y luego sal ahí afuera a repartir amor.

Mantente en forma

Sí, hablo de nuestro cuerpo. No existe nada más empoderante que un entrenamiento y nada menos empoderante que sentirnos pesados, perezosos o desmotivados. Mantén un nivel de actividad física tan alto como sea posible. Tu yo y tu estado físico del pasado te lo agradecerán, y tendrás una cosa menos por la cual preocuparte a medida que creces. Mantén los estándares altos. Se sabe que el ejercicio físico libera endorfinas y químicos en el cerebro que nos hacen sentir bien. ¡Cuando nos estamos preparando para el éxito, necesitamos toda la "felicidad" que podamos conseguir!

Por último, no te conformes con menos. Si quieres conseguir algo, debes luchar por ello. Si terminas abatido la primera vez, no (y lo repito) *no* te rindas. El universo responde a la tenacidad, y tu nivel de confianza te lo agradecerá. Si sigues adelante, perseverarás. Sí, actualiza tus metas y sé muy específico al respecto, pero haz lo que tengas que hacer para que la vida que deseas se haga realidad.

Mantén estándares altos para ti mismo

Practica los ejercicios de este libro. Vibra en una frecuencia alta. Escribe, toca música, aprende un nuevo idioma, monta a caballo, ofrécete como voluntario en un refugio para personas sin hogar, saca fotos del cielo y edítalas hasta que te encanten. Ríete fuerte, despacio, hasta que te duela el estómago, tanto como puedas. Canta en la ducha. Y en público. ¡¿A quién le importa?!

Solo tenemos esta vida. Una sola. Tómate en serio la idea de cambiar para mejor y luego sal ahí afuera y hazlo. Pártete el alma trabajando y haz que llueva la grandeza. Porque puedes, te lo mereces, y el mundo es un lugar mucho mejor porque eres la versión más fabulosa de ti mismo...

Palabras finales

Si te ha gustado este libro y has encontrado algo para experimentar, practicar, compartir o comprometerte, nos alegra oír eso.

Podemos encontrar la salud y la felicidad de muchas maneras, y para cada una de ellas, el camino en sí mismo suele ser lo que nos da felicidad. El destino es lo que queremos lograr, pero es en el proceso donde descubrimos más sobre nosotros mismos y nuestra naturaleza única. Y eso es lo más fascinante de todo.

Hasta que volvamos a encontrarnos en otro libro, sé feliz, cuídate mucho, irradia belleza por dentro y por fuera.

Te envío mucho amor desde aquí.

Maya Faro

****

Una cosa más, antes de que te vayas, ¿podrías dejar una reseña de este libro en línea en Amazon? Es para personas como tú que escribo, y tus comentarios son importantes para mí. Muchas gracias :)

www.ingramcontent.com/pod-product-compliance
Lightning Source LLC
Chambersburg PA
CBHW071411080526
44587CB00017B/3240